Poemas a la pasión 6

Teresita Peláez Venessi

Para realizar pedidos de este libro, contacte con:
Palibrio LLC
1663 Liberty Drive
Suite 200
Bloomington, IN 47403
Gratis desde EE. UU. al 877.407.5847
Gratis desde México al 01.800.288.2243
Gratis desde España al 900.866.949
Desde otro país al +1.812.671.9757
Fax: 01.812.355.1576
ventas@palibrio.com
665632

Lato en tu Ser.

El Deseo mantiene .. todas mis fantasías
valorando la vida...valoro cada momento
tus caricias.. son verdades..
me siento atada a ti..

Me ruborizo.. sabiendote deseoso..
de tenerme.. me fundo en tu ser
traspaso todas las dimensiones
me deshago de este cuerpo y estoy

Muy cerca de tus pensamientos...
tus deseos mas escondidos.. ahí estoy
como vigilante de tus..Pasiones
no tengo tiempo...solo viajo atravez

De el... me hablas con tus ganas
de tenerme.. de darme todo tu..
hay.. me gusta.. saborearte
amarte..saciarte toda de mi.. para ti.

La Dicha.

Este Sentimiento, acompañado de amor
de fe,de creer en lo que te pasa, en el ser amado
tomo tus manos y me estremezco
vibra mi cuerpo.. por ti

Por tu amor, me acaricias con la ternura
que solo un ángel puede donar , la suavidad
de tus dulces besos al tocar mis labios
y recorrer mi cara, hasta llegar a mi frente

Para culminar el beso de paz
deseandome un fervor desmedido
y apasionado sin freno.

Mi Amor.

Mas Profundo será el Desapego
porque volverás cada ves que me quieras Tener...

Mi SER.. No tiene una Conexión con la Memoria y los Recuerdos
la muerte nos descubre un Estado de sabiduría Sin Tiempo...

AMOR..la Esencia del amor no se puede expresar.. en Palabras
el amor mas Puro esta en el Desapego...Sin Reclamos...solo Gozarse

Tomo las riendas de mi Futuro y Creo Mi Propio Destino..

Me Transformo.

Soy como El Alquimista que Transforma
En Luz y Sonrisas los Dolores que Siente
En el Alma ….. Solo para que Nadie lo note,…
Y Siempre tiene Fuerzas Para dar Consuelo

A Quien se Acerca a Llorar.
Soy yo Quien esta Tratando De Convertirse
En Oro, La Riqueza es un buen Espíritu.

La esencia del Ser y El Amar que componen
Al ser Humano Hasta que no te Deshagas de las capas
Te podrás convertir en un Mejor Ser , Amoroso y
Fiel para Tener ese Valor Eterno.

Me Tienes.

Puedes Percibir Mi Mirada
Dentro De mis Pensamientos
Acceder a Ellos y Tomarme Para
Sentirte Muy Dentro De Mi.

Traspases Mi Alma y Seamos Energia
Solo tu Al Verme Entras en Mi Mundo
Y Vives en el , Me Tienes Siempre
A tu Lado Y me Dejas Vivir .

En mi Mundo Material Y soy Tuya
Cuando tu Lo Desees Me Gusta Gustarte
Y Darte Amor.

Caminemos.

Ven Camina por Mi Casa y Siénteme
Pero Siénteme que Siento Muchas ganas
De Hacerte Temblar El Alma
Hasta la Luz del Alba.

Háblame mas De Ti, Quiero Saberlo Todo
Conocerte Todo, Darte Todo.
Entra en Mi Mirada Y Estarás dentro de Mi
Sabrás De Mi Amor Ardiente.

Deseo sin Control, Darte Mas y Mas
Abrir Nuestros Corazones y
Viajar dentro de El, Sentir Nuestros
Impulsos y Encontrarnos.

Sonata de Amor

Mi Mente sonríe al Acordarme de Ti
En Mi mente como un Duende
Cada Momento, No se que Sera
La Magia que Te Hace tan Especial

Por cada Momento que paso
Junto a Ti Querido Mio
Te Amo Mas y Mas.

Inicio la Mañana Jubilosa al menos
Sola Yo y Mi Mente con Un Alma
Y corazón En Perfecta Sintonía
De lo Cotidiano de Cada Dia

Sin Embargo me doy Cuenta pero
Tu estas Conmigo en cada Segundo , Cada
Minuto, Cada Hora y Puedo Tenerte Aquí
Para Gozarte, Para Amarte por Siempre.

Divinidad.

Eres la Divinidad, Mi Tesoro Mi Luna que Cobija
Mis Noches , Eres Mi Ternura , El cielo que Quiero
Alcanzar y Mi Mayor Misterio, El que al Descubrir
Para que Me Mires A la Vez, Que Introduzcas

En mi tu Seducción, Que Bello y Sublime
Entregarme a Ti, Que Hermoso Poder me
Entrego Dios al saberme Poseedora de la Toda
La Pasión y Amor que Envuelve a esta Mortal

Enamorada Que me he Convertido en una
Sierva de El a la Que ha Protegido y Bendecido
Desde su Existencia, Yo como toda la Humanidad
Pongo como ofrenda El Don de construir Amor.

Enloquecer tus Pensamientos, Dar Amor y compartirlo
Con el Hombre que Elegí y me Eligió, En otras palabras
Es Decirte Gracias por Darme este Corazón lleno de Amor
Gracias Querido Mío, Por Existir a mi Lado, Por Existir.

Paraiso Perdido.

Este Edén de Amor, Siendo
Un Paraíso Perdido Siento
Como Late Mi Corazón, Que
Ha estado Viviendo en Mi Carne
Sintiéndome Libre y Plena.

Me Cautiva Tu Esencia Enamorada
Que no Vacila ni se Detiene
Ante Nada y Me Enamoras
Vivo en Ti y me Engrandece Verte
En mi Mente.

Al Verte entra una Luz en Mi Corazón
Esa Señal de Amor en la Que me
Acompaña en Este Mi Día.

Laberinto de Amor

Sabes que Te Quiero y Jamás
Desearía Lastimarte, Herir
Tu Persona, Amenazar Tu Integridad
Pero Te Quiero, Te Amo.

Estos Celos me Toman y Me Arrastran
Al Laberinto Interminable
Solo Quiero Tenerte Solo para Mi
Arrastrarte a mis Sueños, A mis
Suspiros, A mis Instantes.

Te Quiero Atrapar en este Viaje para
Que Mores en mi Ser y Solo Ser Yo Quien
Te Tenga, Ese poder de Tenerte y Adorarte.
No lo Quiero, Que lo Tomes a Mal.

No es Maltrato Solo es Querer, Yo Poseerte
Todo, Tu Alma, Tu Ser Tuyo Solo Para Mi.

Sin Ti.

El Jugoso Camino del Amor
Este Amor que Te Profeso
Me Nutre y Me Inspira el Alma
Siendo un Torbellino De Mi Hacia Ti
Porque Te He Elegido.

Acariciando Tiernamente tus Carnosos
Labios Llenos de Ganas de Tenerte, Alargando
Este Placer Suculento y Placentero con lo
Que Me Gusta que Te Guste Disfruto del Disfrute.

Que Te Hago Sentir, Este Amor es un Ritual
Que Necesito Dia a Dia, Sin el no me
Pienso en el Mañana que Llegara y Nos
Volvemos a Encontrar.

Abandono.

Me Abandonaste
Te Di Mi Amor Sincero
Lo Despreciaste, Pusiste
En Tu Prioridad a Los Amigos.

Que Son Velas Fugaces,
Que No Construyen Solo se Apagan
Y No Iluminan Tu Camino.

Porque La Luz Era Yo,
Fuiste Ciego Te Perdiste,
Solo Espero que Dios Te Envíe
Otro Ángel para que te Guíe.
Y no Lo Desprecies y Valores Su Ayuda.

Tuya.

Toma Mis Mieles y No Podrás
Dejar de Sobrevivir Sin Ellas
Soy Como una Esclava Fiel a Ti.

Mi Cueva de Amor Es Tuya
Entregándome Toda a Ti
Quiero Tenerte y Colmarte de
Mis Ganas de tenerte con esta Pasión

Y Fuego Ardiente que Camina Por Mis
Venas Y Vienen a Mi Mente todos los
Pensamientos, Me sigo Entregando a Tu
Pasión Desbordada, Bajas Repentinamente,

Y Colocas Tus Besos Tiernos y Suaves
Llevándome Nuevamente al Cielo.

Mi Amor.

Amor, Platicábamos Juntos
Y Mientras Caminábamos Juntos
Ella Cobraba Tropiezos y Que
Nos Decíamos, Somos Nuestro Aquí
Y Ahora.

No Voltiemos Solo Sigamos
No Hay que Detenernos a Ver
Que opinan los Demás, Nunca
Tendremos Tranquilos a la Gente.

Vivamos Esta Vida cotidiana y
Formemos Tu y Yo Nuestros Anhelos,
Realizarlos, Hagamos Nuestro Universo
Al que nos Unimos con Fe, Con Sueños y

Vivamos Solo nuestra Aventura,
Sabes Amor, No te Arrepentirás
Porque esto es El Cielo en Esta
Vida Terrenal.

Solo Tu.

Hay Amor Mi Bebe
Mi Dulce Amor
Quiero acercarme a Ti
Que me des Calor.

Quiero sentirte
Dentro de Mi Piel
Fundirme en Ti y Ser tu.

Vivo y te Deseo Dame
Tu Pasión , Porque
No Puedo Vivir Sin Ella.

Vives en Mi
Tu lo Sabes, Es Amor
Solo Amor
Deja Que lo Sienta
Porque Solo Vivo Para Ti.

Me Tienes

Ese Trato que Tiene
Tu persona y
Me Toma como
El Fuego Fulminante.

Eres todo , Lo tengo Todo
Tus ojos, me Llevan a Recordar
Nuestras Noches Apasionantes
En Donde, Me Hechizas .

Me Llenas De Ti Como la Llama
Que se eleva y no Cesa Hay como
Te Deseo, Como Necesito esa Magia
Que Solo tu me Sabes Dar.

Te Deslizas tan Suave que Llegar y
Estas Ahí donde me Atrapas y Quiero
Sentirme así Viajando en Tu Ser.

Querer Asi.

Cuando Cierro mis Ojos
Apareces Tu.
Si! Como la Brisa Suave del Mar
Ese Aroma Excitante que Sabe a Ti.

Te Quiero Aquí, Si Aquí
A mi Lado, Amándote
Dándonos el Amor
Que no hay Tiempo que perder.

Corazón Apasionado
Sabes lo que Quiero y Me
Ayudas a sentir Los Latidos

Uno a Uno Para darme esa Armadura
Exitosa de Saber Amar y
Quererte a Ti.

Junto a Mi.

Recuerdo la Tarde Nublada
Y tus Ojos mirándome
Tratando de Decirme que
Me Empiezas a Amar
Que sientes algo especial.

Estando cerca de Mi, Me dices
Ya no puedo Yo te Confieso
Que Te Amo, Sonrío , Besando Tu mano
Diciéndote, Yo siento lo Mismo.

Y te Guardo en Mi Mente Amándote
Esperándote al levantarme mi Primer
Pensamiento eres Tu, Si Tu Amor mío
Pedazo de Luz que Dios envío.

Para Iluminar Mi Camino Acompáñame
Hasta Llegar al Paraíso.

Viajemos en el Tiempo.

Abrazo tu Cuerpo y Siento el Latido
De tu Corazón que Me Invita a detener
El tiempo con mi Cara en tu pecho,
Deteniendo el Tiempo ese Hermoso

Momento que me dice que Escuche el
Cantar de los Pájaros de mi jardín y al
Acariciante Rose de tu mano Tocando
Mi Cara, sabiendo que ese instante,

Cierto es que a tu Lado con tus caricias tiernas
Entregándome Sin Parar Cabalgando en un
Unicornio Blanco y Negro entrando a una Dimensión
Desconocida pero Elemental para Confirmar mi Amor.

Mi Amor por Ti Delirante rejuvenecedor dichoso
Como la Lluvia clara que conecto a mi Pensamiento
Y puedo Saber A donde nos Lleva.

Poemas a la Pasión

6

Galeria de fotos

Printed in the United States
by Baker & Taylor Publisher Services